Lecturas iniciales

GRADO 1 • LIBRO 3

Copyright © by Houghton Mifflin Harcourt Publishing Company

All rights reserved. No part of this work may be reproduced or transmitted in any form or by any means, electronic or mechanical, including photocopying or recording, or by any information storage or retrieval system, without the prior written permission of the copyright owner unless such copying is expressly permitted by federal copyright law. Requests for permission to make copies of any part of the work should be submitted through our Permissions website at https://customercare.hmhco.com/contactus/Permissions.html or mailed to Houghton Mifflin Harcourt Publishing Company, Attn: Intellectual Property Licensing, 9400 Southpark Center Loop, Orlando, Florida 32819-8647.

Printed in the U.S.A.

ISBN 978-1-328-46314-2

9 10 0607 26 25 24 23

4500874052 B C D E F G

If you have received these materials as examination copies free of charge, Houghton Mifflin Harcourt Publishing Company retains title to the materials and they may not be resold. Resale of examination copies is strictly prohibited.

Possession of this publication in print format does not entitle users to convert this publication, or any portion of it, into electronic format.

MÓDULO 5

Contenido

Semana 1

El caballo y el camello 4

Los amigos llegan al mar 14

Semana 2

Gabi quiere una mascota 24

Un gato revoltoso 34

Semana 3

El desayuno de la yegua 44

Las yeguas y los caballos 54

Semana 1

Una fiesta en el bosque 64

La guardabosques anima la fiesta 74

Semana 2

Helena y María 84

Buenas amigas 94

Semana 3

El viaje del abuelo 104

Un campamento en casa 114

LISTA DE PALABRAS 124

¡Empecemos!

Un camello y un caballo deciden ir a ver el mar porque no lo conocen. ¿Qué cosas sucederán en el camino? ¿Llegarán al mar? ¡Lee para descubrirlo!

El caballo y el camello
por Javier Carrillo
ilustraciones de Pedro Rodríguez

Un caballo y un camello que vivían cerca de un oasis del desierto estaban aburridos.

—¿Cómo podemos divertirnos? —preguntó el caballo—. ¿Por qué no vamos al mar? —contestó el camello.

—¡Qué maravillosa idea! —dijo el caballo entusiasmado. Aunque llovía, salieron camino al mar. Anduvieron y anduvieron, y llegaron a un bosque. Allí se toparon con una ardilla y su amigo el puercoespín.

La ardilla preguntó:

—¿Qué hacen un caballo y un camello en un bosque?

—¿Estarán perdidos? —comentó el puercoespín.

—No estamos perdidos —dijo el caballo—. Vamos de camino al mar.

—Pero eso queda muy lejos —dijo la ardilla.

—Lo sabemos, pero queremos ir de todas maneras —contestó el camello—. ¿Quieren venir con nosotros?

—¡Por supuesto! —contestaron a coro la ardilla y el puercoespín.

En camino al mar pasaron por una finca.

—¿Adónde van? —preguntó un pollito amarillo que comía semillas.

—Vamos a ver el mar —contestó la ardilla.

—Pues a mí nunca se me ocurriría ir al mar —dijo el pollo grande.

—¿No quieren venir con nosotros?
—¡Por supuesto! —contestó otro pollito amarillo.
—¿Podemos ir todos? —le pidieron los pollitos al pollo.
—Está bien —contestó el pollo grande—. ¡Vamos a ver el mar!

Búsqueda de imágenes

¿Qué palabras nombran dibujos del cuento?

ardilla	lámpara	agua	oasis
caballo	camello	lluvia	casa
pollito	semillas	finca	árbol

Haz una lista de los dibujos que encuentres. ¿Puedes encontrar siete cosas?

Compara tu lista con la de un compañero. ¿Encontraron las mismas cosas?

Combinar y leer

1. llave   olla   botella   bolsillo
2. sello   rodilla   servilleta   cabello
3. elevador   avispa   tarde   queso
4. muelle   astilla   pasillo   elevado
5. El caballo y el camello llegan a un bosque donde vive una ardilla.
6. El pollo y los pollitos amarillos de la finca comen semillas.

La hora de la rima

Lee las oraciones.

- Tito tiene un gato **amarillo**.
- Le puso a la carta un **sello**.
- El perro se acostó en el **sillón**.

1. Trabaja con un amigo. Hagan listas de palabras que rimen con **amarillo**, **sello** y **sillón**.

2. Usa las palabras de las listas para escribir una rima.

3. Comparte tu rima con otros.

Comienzos de oraciones

Túrnate con un compañero para leer estas palabras.

| dijo | bien | amigo | hacer |
| cerca | lejos | preguntar | fue |

Habla de los cuentos. Usa los siguientes comienzos de oraciones.

1. La ardilla **dijo** que el mar ____.
2. El **amigo** de la ardilla es un ____.
3. El camello le **preguntó** a los pollitos: ____.

Usa otras palabras del recuadro para contarle a tu compañero sobre los cuentos.

Los amigos llegan al mar

por Javier Carrillo
ilustraciones de Pedro Rodríguez

En el camino al mar, el caballo, el camello, la ardilla, el puercoespín y los pollos pasaron por una llanura donde vieron un río. Pararon a beber agua. Allí estaba un león con una melena peluda.

—Ese león da miedo —dijo un pollito.

Pero el caballo y el camello no le tenían miedo y llamaron al león.

—¿Están locos? —dijo la ardilla—. Ese león tiene unos colmillos grandes y filosos.

—¡Amigo! —llamó el camello al león—. ¿Estamos cerca del mar?
La ardilla y los pollitos estaban nerviosos.

—Sí —contestó el león—. Caminen por la orilla de este río que desemboca en el mar.

—¿Y no querrá venir con nosotros?
—le preguntó el caballo al león.
—Bueno, pero solo si puede venir
también mi amiga la lora
—contestó el león.
Y la lora y el león se unieron al
caballo, el camello, la ardilla,
el puercoespín y los pollos.

Cuando llegaron al mar todos quedaron maravillados. Las olas rompían en la arena y a lo lejos se veía una ballena nadando.
—Valió la pena venir al mar —comentó el león.

Como la ardilla, los pollitos y el puercoespín no podían ver bien la ballena, se subieron al lomo del caballo y el camello.

—Ballena, ¿quieres que seamos amigos? —preguntó la lora.

—¡Me encantaría! —respondió saludando con su enorme cola.

Acontecimientos del cuento

Usa los dibujos para contarle a un compañero lo que pasó hasta ahora en el cuento.

¿Qué crees que ocurrirá a continuación? Habla de tus ideas con tu compañero.

Combinar y leer

1. mala   malla   loro   lloro

2. polilla   Camila   camilla   lleno

3. cadena   borrador   cotorra   pintura

4. nudillo   sellar   detalle   ralladura

5. El camello y el caballo no le tenían miedo al león.

6. La lora y el león ven una ballena desde la orilla del mar.

Pensar-dibujar-emparejarse-compartir

Vuelve a leer y piensa en los cuentos. Luego, dibuja las respuestas a estas preguntas.

1. ¿En qué se parecen los pollitos al pollo? ¿En qué se diferencian?

2. ¿Qué animales del cuento pueden vivir en una granja?

Comparte tu trabajo con un compañero y luego en grupo.

¡Empecemos!

Gabi desea tener una mascota. Pero su papá y su mamá no se lo permiten. ¿Podrá Gabi convencerlos para adoptar un animal? ¡Lee para descubrirlo!

Gabi quiere una mascota
por María Rodríguez ★ ilustraciones de Rea Zhai

Gabi quiere una mascota.
Pero a su mamá no le gustan.
—¡Quisiera tanto tener un perro! —le dice con ganas.
—De ninguna manera —asegura su mamá.

En el parque, Gabi ve a su amigo Agustín que pasea a su perro junto a la laguna.

—¡Mira, mamá! Le gusta que le rasquen la barriga —dice Gabi.

—¡Seguro tiene pulgas! —responde.

El domingo, Gabi y su papá van a cargar gasolina en la furgoneta.
—¡Mira, papá! Allí va Gustavo junto a su perro guía. ¿Podemos tener uno igual?
—En casa no hay lugar —contesta.

Gabi no se rinde. Más tarde, intenta de nuevo.

—¿Y si tenemos una tortuga? ¿O un ganso? ¡O un lagarto!
—No, no y no. ¡Ni un gorrión! —le dicen con seguridad.

Gabi llora amargamente. ¡Quiere tanto una mascota!

Papá y mamá la miran con pena.

Desde la ventana llega un suave maullido.

¡Un gatito golpea con sus garras!

—¡Está solito! ¿Se puede quedar?
Papá y mamá dudan, pero el
gatito se ve tan tierno y asustado...
—¡Solo para buscar a su familia!
—le permiten.
Gabi le da agua y lo mima.
—¡Lo cuidaré bien! —asegura.

¿Qué palabra es?

Usa las pistas para adivinar las palabras del cuento.

Pista 1: Es un animal que camina lento.
Pista 2: Rima con **oruga**.
¿Qué palabra es?

Pista 1: En sus aguas nadan los peces y los patos.
Pista 2: Rima con **fortuna**.
¿Qué palabra es?

¿Qué palabra es? ¡Ahora tú! Da dos pistas sobre una palabra del cuento. ¿Puede tu compañero adivinar la palabra?

Combinar y leer

1. pulgas   gatito   ganso   tortuga
2. domingo   seguro   lugar   garras
3. maullido   llora   llega   allí
4. barriga   agua   igual   amargamente
5. El gatito quiere tomar agua.
6. El perro no tiene pulgas.

Búsqueda de imágenes

¿Qué palabras nombran dibujos del cuento?

laguna	furgoneta	oruga	gafas
bigote	margarita	mango	Gabi
iguana	gasolina	gorila	gorra

Haz una lista de los dibujos que encuentres. ¿Puedes encontrar siete cosas?

Compara tu lista con la de un compañero. ¿Encontraron las mismas cosas?

33

Ensalada de letras

Lee las siguientes palabras a un compañero.

junto	quiere	dice	le
todo	grande	agua	no
esta	pero		

¡Uy, las letras se han mezclado! Con tu compañero, pon las letras en orden para formar una palabra del recuadro.

1. u j t o n
2. i c d e
3. o r p e
4. o n
5. g a a u
6. s a e t
7. r e u i q e
8. e l
9. t o o d
10. r a d e g n

Un gato revoltoso

por María Rodríguez ★ ilustraciones de Rea Zhai

Gabi toca la guitarra. Junto a la cama, su gato se divierte con una pelota de goma.

—¡No rompas nada! —le dice Gabi. No quiere que su mamá se disguste.

El gato se sube a una silla y se cuelga de la cortina.
—¡No! ¡Fuera de allí! —dice Gabi.
El gato se asusta y se escapa.
¡Teme que lo castiguen!
Gabi lo persigue por toda la casa.

El gato se sube a la mesa del comedor. De golpe, tira al piso el guiso y los espaguetis. ¡Qué caos!
—¡Ven aquí, gatito! —le ordena. Debe limpiar antes de que llegue su mamá.

El gato se escapa de nuevo.
En su camino, tira una manguera
y sale mucha agua.
Gabi tiene que secar el piso.
—¿Dónde estás, amiguito?
—quiere ella saber.

Es tarde. El gato sigue perdido. Toda la familia lo llama.

—¡No está por ningún lado! —dice el papá, angustiado.

—¡Miremos junto a la casa y en el patio! —los guía la mamá.

Gabi, cansada, lo sigue buscando.
De repente se siente el sonido
de un cascabel. Y Gabi distingue
un bigote que asoma...
¡El gato estaba escondido en
el árbol!

Acontecimientos del cuento

Usa los dibujos para contarle a un compañero lo que pasó hasta ahora en el cuento.

¿Qué crees que ocurrirá a continuación? Habla de tus ideas con tu compañero.

Combinar y leer

1. guiso   llegue   espaguetis   sigue

2. guitarra   castigue   manguera   amiguito

3. limpiar   secar   ordena   tira

4. despegue   persigue   distingue   guía

5. El gato pequeño tiró el guiso.

6. Gabi tiene una guitarra grande.

LEAMOS JUNTOS

Conversación en parejas

Vuelve a leer los dos cuentos. Luego, habla con un compañero para contestar estas preguntas.

1. Haz una lista de las mascotas que Gabi le pide a su papá y a su mamá.

2. ¿Qué te parece que sintió Gabi cuando el gato se escapó? ¿Por qué la ayudaron sus padres a buscarlo?

3. ¿Crees que el gatito se quedó con la familia para siempre? ¿Por qué?

¡Empecemos!

¡Esta es Yami! Es una yegua. Aquí hay algunos datos divertidos sobre ella.

- ¡Le encanta el desayuno!

- Su yogur preferido es el de limón.

- Su mejor amiga es Caya, la cobaya.

¿Qué crees que desayunará la yegua?
¡Lee para descubrirlo!

El desayuno de la yegua

por María Silva ilustraciones de Peter Lubach

Ya es de día. Yami, la yegua, quiere comida. Le suena el estómago, piensa en el desayuno. ¡Es momento de salir de la cama!

Llegó el momento de ir al trabajo.
¡Pero antes tiene que desayunar!
Va a la cocina y busca en la nevera.

"¡Tomaré yogur como ayer!", pensó. Buscó el yogur de limón, pero no estaba por ningún lado.

"¡Vaya! ¡Alguien se lo llevó!", notó.

"¡Ya sé! Entonces comeré una yema", pensó Yami, contenta. Otra vez buscó por todos lados, pero no vio ninguna yema.

"¡Comeré un emparedado!", se decidió al final. Tomó el jamón, el tomate y el queso. ¿Y la mayonesa? No estaba en ninguna parte. Pensó y pensó, entonces recordó: ¡la tenía Caya, su amiga la cobaya!

¿Qué puede comer Yami? Yami
no para de pensar...

"La cosa se está poniendo negra...
Ni yogur, ni yema, ni mayonesa...
¡Ya sé! ¡Puedo comer papaya!".

¿Qué palabra es?

Usa las pistas para adivinar las palabras del cuento.

Pista 1: Es amarilla.
Pista 2: Rima con **tema**.
¿Qué palabra es?

Pista 1: Es un animal parecido a un hámster grande.
Pista 2: Rima con **vaya**.
¿Qué palabra es?

¡Ahora tú! Da dos pistas sobre una palabra del cuento. ¿Puede tu compañero adivinar la palabra?

Combinar y leer

1. ayuda   yoga   apoyo   yeso

2. reyes   yarda   mayor   ayer

3. águila   quieto   guerra   quinto

4. payaso   rayuela   mayúscula   mayordomo

5. Yo no quiero desayunar queso.

6. La yegua llegó al trabajo.

Búsqueda de palabras con y

Usa un cronómetro. Juega con un compañero.

1. Busca en el cuento palabras con **y**. Escribe las palabras que encuentres.

2. Mira tu lista de palabras con **y**. Encierra en un círculo las palabras que empiecen con **y**. Subraya las palabras que tengan **y** en otra parte de la palabra.

LEAMOS JUNTOS

Búsqueda de palabras del cuento

Lee las palabras de abajo a un compañero.

llevar	pensó	además
niños	música	llegó
trabajo	quiere	negra

1. Juntos, busquen cada palabra en una oración de los cuentos. ¿Qué palabras no aparecieron en los cuentos?

2. Elige una palabra del recuadro. Escribe una oración con esa palabra. Lee tu oración a tu compañero.

Las yeguas y los caballos

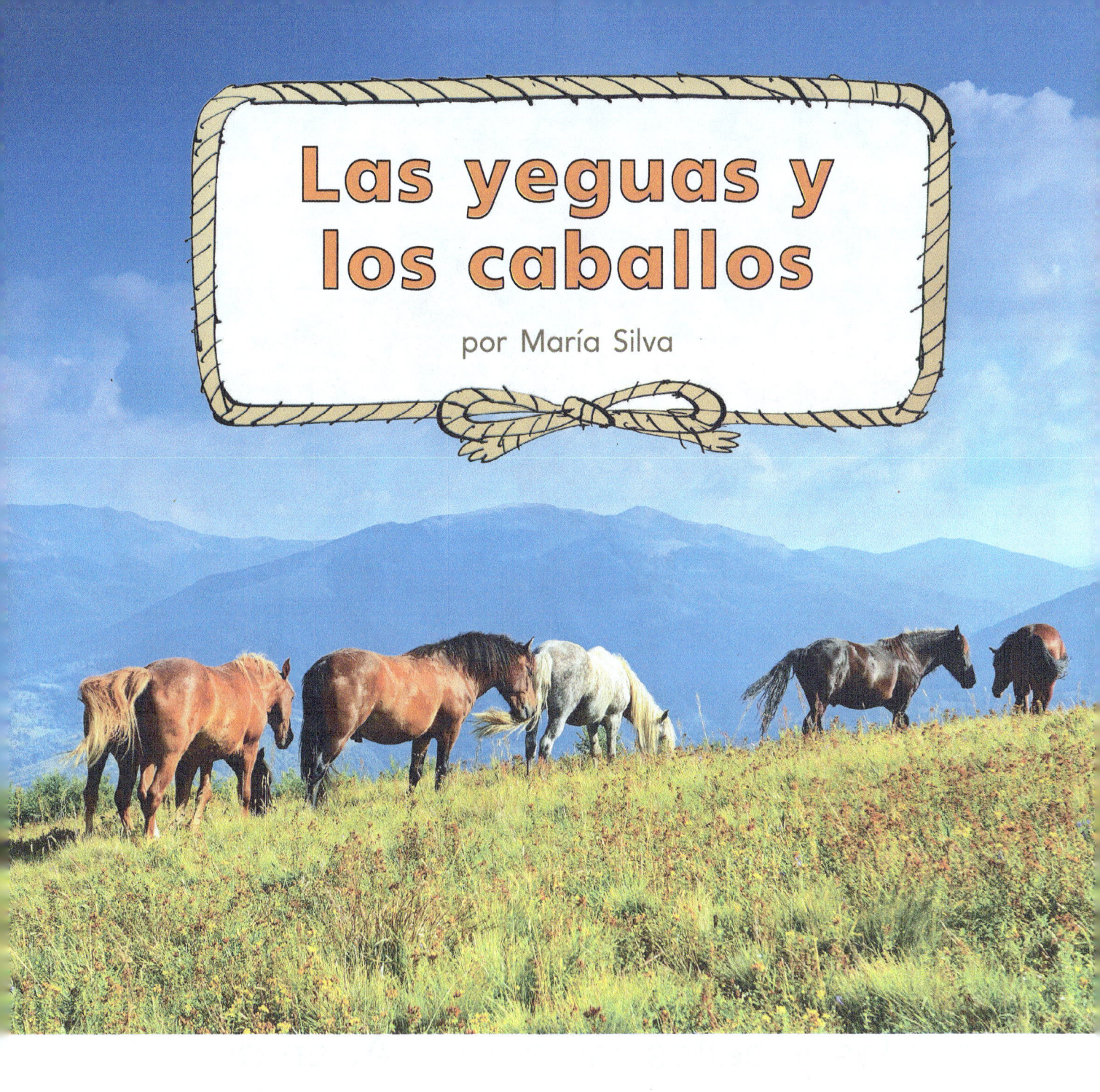

por María Silva

Los caballos y las yeguas son mamíferos. O sea, cuando son bebés se alimentan de sus mamás. ¿Quieres saber más de ellos? ¡Mira!

Son animales altos. Tienen largos cuellos y bellas melenas. Además, son grandes y fuertes. La mayoría de las yeguas y caballos son de pelo oscuro, marrón o negro.

Se los puede ver en casi todas partes del mundo. ¿Sabes cuál es el trabajo de las yeguas y los caballos? Algunos se dedican a llevar gente o cosas, y otros son deportistas. ¡Qué interesante!

Las yeguas y los caballos pueden correr rápido. Recorren varias yardas en poco tiempo. ¿Sabes en qué otra cosa son buenos? ¡Saltar es lo suyo!

Andar a caballo es divertido. ¿Sabías que montar una yegua o un caballo también ayuda a las personas? Es bueno para el cuerpo y para la mente. La tarea de montar a caballo se llama "equitación".

¡Ya sabes cosas de las yeguas y los caballos!
¿Y tú qué piensas de ellos?
¿Te gustaría montar uno?
Puedes contarles a tus amigos lo que sabes.

Tabla S-Q-A

Piensa en lo que leíste esta semana. Haz una tabla como esta para mostrar lo que aprendiste sobre las yeguas y los caballos.

Yeguas y caballos		
S	Q	A
Lo que **s**é	Lo que **q**uiero saber	Lo que **a**prendí

Comparte tu tabla con el grupo.

Combinar y leer

1. apoyo   pollo   suyo   rollo
2. callo   rayar   cayo   rallar
3. caminar   cuerpo   casa   correr
4. amarillo   zapallo   azul   zapato
5. La yegua ya llegó al trabajo.
6. La lluvia se llevó la tierra.

LEAMOS JUNTOS

Pensar-dibujar-emparejarse-compartir

Vuelve a leer y piensa en los cuentos. Luego, dibuja las respuestas a estas preguntas.

1. ¿Qué características tienen las yeguas y los caballos? ¿De qué color son?

2. ¿Qué saben hacer las yeguas y los caballos? ¿Cuál es su trabajo?

Comparte tu trabajo con un compañero y luego en grupo.

LEAMOS JUNTOS

¡Empecemos!

El erizo y la zorra organizan una fiesta en el bosque. Invitan a todos sus amigos a un baile junto al lago. ¿Cuáles serán los preparativos? ¡Lee para descubrirlo!

Una fiesta en el bosque

por Melina Márquez
ilustraciones de Freya Hartas

El erizo y la zorra caminaban aburridos por el bosque.

—¿Qué podemos hacer hoy? —pregunta el erizo.

—¿Y si organizamos una fiesta? —dice la zorra.

—¡Es una buena idea! Invitemos a todos a un baile.

El erizo y la zorra se ponen manos a la obra. Sin perder tiempo, avisan a sus amigos.

¡Todos están muy entusiasmados!

El zorrino decora un pastel con mazapán. Y la garza se pone un lazo azul en la cabeza.

—Yo llevaré una sopa de calabaza —dice la osa Lorenza, muy contenta.

—¿Puedes hacer un pastel de manzana? —pregunta el erizo a la ardilla.

—¡Por supuesto que sí! —contesta ella.

¡Todo está casi listo para la fiesta!

Las mariposas decoran el lugar con sus alas coloridas, y la zorra lleva a la mesa algunas cazuelas con uvas, moras y peras.

El castor solloza con amargura. ¡Sus galletas azucaradas se han caído al pozo!

Los amigos abrazan al castor para calmarlo.

—¡Aquí han quedado algunas galletas enteras! —lo consuela el erizo.

—¡No te apenes! Hoy es un día para divertirse —lo alienta la osa.

El castor, más animado, sonríe.

—¡Qué belleza! —dicen los animales al llegar al lugar.

La orquesta empieza a tocar con entusiasmo.

—¡Vamos a bailar! —invita la rana. Todos la siguen, encantados.

La fiesta comienza y la música llena todo el bosque.

Búsqueda de palabras que riman

Lee cada pista. Encuentra la palabra en el cuento que encaja con la pista. Escribe la palabra.

1. Esta palabra rima con **trozo**.
   Si no tienes cuidado, puedes caer en él.

2. Esta palabra rima con **pepino**.
   Es un animal que huele muy mal.

3. Esta palabra rima con **pereza**.
   Es la parte del cuerpo que está sobre los hombros.

Combinar y leer

1. erizo   zorra   garza   zorrino

2. solloza   belleza   llama   comienza

3. sopa   mariposa   mesa   música

4. bosque   perezoso   azucaradas

5. La zorra mira al erizo.

6. La música suena en el bosque.

Pistas de palabras del cuento

Lee cada conjunto de pistas. Halla la palabra correcta en el cuento.

1. Es una fruta. Es redonda, roja y crece en un árbol. ¿Qué palabra es?

2. Es azul. La garza se lo puso en la cabeza. ¿Qué palabra es?

Ensalada de letras

Lee las siguientes palabras a un compañero.

hoy	muy	algunas	sus	han
junto	con	pregunta	por	ella

¡Uy, las letras se han mezclado! Con tu compañero, pon las letras en orden para formar una palabra del recuadro.

1. u j t o n
2. g u a l n a s
3. t a g u n p r e
4. y u m
5. n o c
6. n a h
7. r o p
8. a l e l
9. y o h
10. u s s

La guardabosques anima la fiesta

por Melina Márquez 🌲 ilustraciones de Freya Hartas

Los animales hoy están de fiesta. Danzan en el bosque, siguiendo el sonido de la orquesta.

La música llega a la casa de la guardabosques y la despierta.

—¿Qué es eso? —se pregunta. Y sale de la cama bostezando.

—¡Los animales han organizado un baile! —nota la guardabosques.

Sin demora, se saca la ropa de dormir, se pone la zamarra y se calza sus zapatillas azules.

—¿Te gustaría ir de fiesta? —le pregunta a su perro.

La guardabosques y su perro avanzan por el bosque, y a su paso pisan algunas ramas secas.

La ardilla oye el ruido y lanza un alarido muy fuerte.

—¡Cuidado! ¡La guardabosques está aquí! —avisa a sus amigos.

La guardabosques y su perro llegan a la zona del baile.

Los animales, muy temerosos, salen corriendo. Pero el erizo los detiene:

—¡No se asusten!

—No tienen que correr, ¡son amigos! —dice la zorra.

Las tortugas, valerosas, caminan hasta la guardabosques. Al ver que no pasa nada, la garza también avanza.

—¿Por qué me tienen miedo? —les pregunta la guardabosques.

—¡Nunca antes estuvimos tan cerca! —responde el erizo.

—¡Pues hay que festejarlo! ¿Nos podemos unir al baile? —contesta.

Cuando las mariposas revolotean arriba de su cabeza, la música comienza a sonar de nuevo. Los demás se van animando poco a poco… ¡Terminó siendo una fiesta que recordarían el resto de sus vidas!

Respuesta personal

Piensa en los cuentos de esta semana. Luego, contesta estas preguntas en una hoja de papel aparte.

1. ¿Quién es tu personaje favorito? ¿Por qué?

2. ¿Qué momento del cuento te gustó más? Dibuja y escribe sobre tu parte favorita.

Habla de los cuentos con un compañero o en grupo.

Combinar y leer

1. caza saca casa calza

2. valerosas fuerzas usas cabezas

3. galopa llegan algunos amigos

4. zapatillas quizás caparazones

5. La garza adorna la fiesta.

6. Quizás no todos los amigos bailan con la música.

Muestra lo que sabes

Vuelve a leer los dos cuentos para contestar estas preguntas.

1. ¿Qué animal de la historia lleva su casa a cuestas?

2. ¿Por qué tenían miedo los animales?

Habla de los cuentos con un compañero.

LEAMOS JUNTOS

¡Empecemos!

Conoce a Helena y a María. Son amigas. Aquí hay algunos datos divertidos sobre ellas.

Helena	María
• Es un hada. • Puede volar. • Es curiosa.	• Es una humana. • Puede correr rápido. • Le gustan los pimientos asados.

¿Cómo se conocerán el hada y la humana? ¡Lee para descubrirlo!

Helena y María

por Marcela Vázquez
ilustraciones de Syd Weiler

Las hadas y los humanos habitan mundos diferentes. Pero, un día, un hada y una niña se topan y comienza una linda amistad.

El hada se llama Helena. Tiene su hogar en el hoyo de un árbol. Vive en una hermosa aldea llena de hadas. Es un lugar muy sereno. Hasta que un día ocurre algo raro…

En la zona de los hongos, Helena comienza a ver humo. Luego, observa unas huellas enormes que nunca ha visto. Y siente un aroma que no le es familiar.

"Debo investigar, iré hacia allí", piensa Helena.

Cuando el hada llega al lugar, no puede ocultar el horror: ¡son humanos! Nunca antes había visto uno, pero le han contado que no se puede fiar de ellos.

"Aunque aparentan ser buenos", piensa Helena.

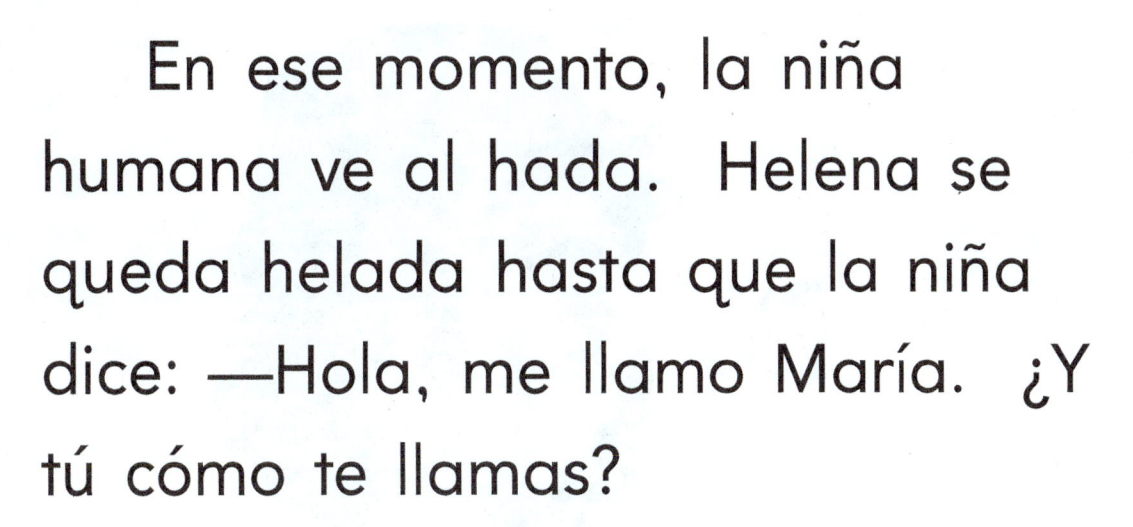

En ese momento, la niña humana ve al hada. Helena se queda helada hasta que la niña dice: —Hola, me llamo María. ¿Y tú cómo te llamas?

—Helena, y soy un hada —contesta ella, asustada.

—No temas, soy una niña buena. Podemos ser amigas —dice María.

—Está bien, pero ¿me cuentas cosas de los humanos? —pide Helena.

—Y tú de las hadas. ¡Nunca había visto una!

Se da una hermosa amistad.

Pistas de palabras del cuento

Lee cada conjunto de pistas. Halla la palabra correcta en el cuento.

1. Helena no puede ocultarlo cuando ve a los humanos. ¿Qué palabra es?

2. Son enormes. Helena nunca las ha visto antes. ¿Qué palabra es?

3. Crecen en el suelo. Algunos se pueden comer, pero otros son venenosos. ¿Qué palabra es?

Combinar y leer

1. hotel   hueso   hierba   hielo
2. harina   ahora   hormiga   helado
3. bella   llamo   lluvia   calle
4. héroe   humeante   leyenda   herramienta
5. Las hadas están de buen humor.
6. La hermana de Helena hornea un pastel.

Adivina la palabra

Usa un cronómetro. Juega con un compañero.

hongo	hada	humano
helada	humo	hermosa

1. Elige una palabra secreta del recuadro. No se la digas a tu compañero.
2. Prepara el cronómetro.
3. Dale una pista de una sola palabra.
4. Tu compañero trata de adivinar la palabra secreta.
5. Repitan hasta que tu compañero adivine la palabra secreta o se acabe el tiempo.
6. Túrnense con tu compañero.
7. El primer jugador en adivinar correctamente 5 palabras gana el juego.

Ensalada de letras

Lee las siguientes palabras a un compañero.

| allí | hacia | bien | hacer | ella |
| dice | nunca | algo | niño | me |

¡Uy, las letras se han mezclado! Con tu compañero, pon las letras en orden para formar una palabra del recuadro.

1. í l a l
2. d c i e
3. a h e c r
4. o g a l
5. ñ o i n
6. e m
7. n a n u c
8. i n b e
9. a i h a c
10. l a l e

Buenas amigas

por Marcela Vázquez
ilustraciones de Syd Weiler

Ahora que son amigas, la niña y el hada comparten un montón de actividades. Hoy, ambas acamparán con la familia de María. Helena quiere saber qué es eso que olía tan bien la otra tarde.

Todavía es de día, pero se sientan en torno a la hoguera. María dice:
—Se llaman pimientos y a mí me gustan asados.

—Nunca comí algo tan rico —responde Helena—. ¿Toda la comida de los humanos sabe tan bien?

¡Llega el momento de armar las tiendas! El hada no tiene fuerza y la tienda se derrumba. María comienza a reír. "Los humanos son muy simpáticos. Les diré a mis amigas que no hay por qué temerles", piensa Helena.

Luego, para pasar el tiempo, se les ocurre hacer una carrera. María correrá y Helena volará hacia un arbusto con forma de campana. La que toque el arbusto antes ¡será la campeona!

Helena es más rápida y gana. Ahora es el hada la que se ríe.

Pasan el resto de la tarde compartiendo risas. Cuando cae el sol, se meten en la tienda. Allí, cuentan historias hasta que se duermen. Han tenido un hermoso día y ahora deben descansar.

Al despertar, continúan riendo.

—¡Los humanos son muy buenos! —dice Helena—. Me gusta compartir tiempo contigo.

—Las hadas también son muy simpáticas —responde María.

Y así, el hada y la humana siguieron siendo amigas.

Personajes

Mira las ilustraciones. Elige un personaje.

Dile a un compañero tres cosas que aprendiste acerca del personaje al leer los cuentos.

Combinar y leer

1. lámpara   acampar   bombero   simpático
2. cambio   limpio   bombón   tiempo
3. mitad   delfín   pared   caballo
4. diálogo   galleta   componer   corona
5. Ambas corren por el campo.
6. Helena y María acampan.

Conversación en parejas

Vuelve a leer los dos cuentos. Luego, habla con un compañero para contestar estas preguntas.

1. Haz una lista de las actividades que comparten Helena y María.

2. ¿Cuál es la más divertida? ¿Y la más aburrida? ¿Por qué piensas eso?

3. ¿Qué te gustaría hacer si fueses amigo de un hada? ¿Por qué?

¡Empecemos!

El abuelo José viaja a visitar a su nieto Javier. En la valija lleva una caja con regalos. ¿Llegarán a salvo? ¿A qué les gusta jugar a Javier y al abuelo? ¡Lee para descubrirlo!

El viaje del abuelo

por Silvana García
ilustraciones de Valerio Fabbretti

El abuelo José organiza la valija. Desde que sacó el pasaje, espera con ilusión el momento de ver a su nieto Javier, que vive lejos. Junto a su ropa guarda una caja con regalos para la familia.

En el aeropuerto, el abuelo José tiene un antojo y come un caramelo. Deja la valija bajo la mesa **mientras** espera para subir al avión.

—¡Ojalá pueda dormir en el viaje! —piensa, y busca su tarjeta de embarque.

En el avión, se sienta junto a un pasajero pelirrojo.

Mientras viajan, le cuenta sobre sus andanzas de joven y sobre lo cómico que es su nieto.

—¡Estará encantado con los juguetes nuevos! —dice el abuelo José.

Luego del aterrizaje, el abuelo baja del avión. No ha dormido durante el viaje y tiene ojeras.

Su familia le da la bienvenida. El abuelo abraza a Javier y le da un beso en la mejilla.

¡Por fin están juntos!

Al llegar a la casa, su familia le aconseja descansar. Pero el abuelo quiere jugar con Javier. Entonces, saca la valija y nota que la caja está golpeada.

—¡Los juguetes se arruinaron! —dice muy apenado.

El abuelo se ha desilusionado.

—¡Lo mejor es que estamos juntos! —lo anima su nieto.

Entonces, Javier busca una esponja, jabón y una jarra con agua.

¡Y pasan toda la tarde jugando a hacer burbujas!

Búsqueda de palabras que riman

Lee cada pista. Encuentra la palabra en el cuento que encaja con la pista. Escribe la palabra.

1. Esta palabra rima con **cobija**.
   La usamos para guardar cosas cuando nos vamos de viaje.

2. Esta palabra rima con **camión**.
   Es un medio de transporte para viajar lejos.

3. Esta palabra rima con **tijeras.**
   Lo que tenemos debajo de los ojos cuando estamos cansados.

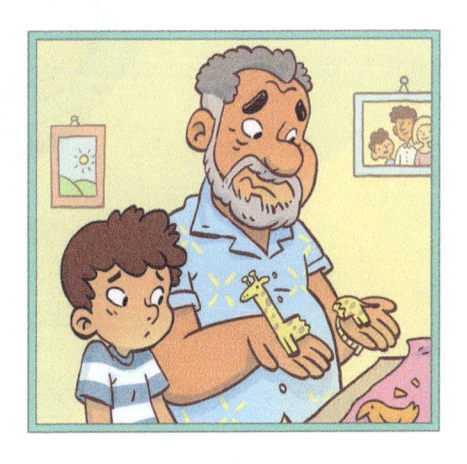

Combinar y leer

1. viaje   caja   bajo   jarra

2. antojo   enojo   juntos   pasaje

3. avión   joven   nuevo   valija

4. tarjeta   juguetes   mejilla   aterrizaje

5. El abuelo se va de viaje en avión.

6. La caja de juguetes está rota.

Pistas de palabras del cuento

Lee cada conjunto de pistas. Halla la palabra correcta en el cuento.

1. Es lo que usamos para lavarnos las manos. Javier lo usó para hacer burbujas. ¿Qué palabra es?

2. Es un mueble. El abuelo coloca debajo su valija. ¿Qué palabra es?

LEAMOS JUNTOS

Ensalada de letras

Lee las siguientes palabras a un compañero.

| para | sobre | pero | dice | ha |
| entonces | muy | al | todo | mientras |

¡Uy, las letras se han mezclado! Con tu compañero, pon las letras en orden para formar una palabra del recuadro.

1. a h
2. o d o t
3. c o s e t n e n
4. i n e r a m s t
5. a p r a
6. y u m
7. b e s r o
8. r e o p
9. c i d e
10. l a

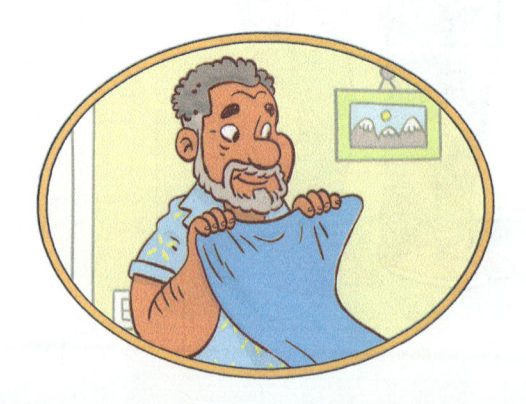

Un campamento en casa

por Silvana García
ilustraciones de Valerio Fabbretti

El papá y la mamá de Javier tienen una boda. Entonces, el abuelo José se queda en la casa cuidando a su nieto mientras ellos salen.

—Dejé pata de pavo, pasta y ensalada sobre la mesa —avisa la mamá.

—¿Podemos armar una carpa en la sala? ¡Será como un campamento! —dice Javier.

—Muy buena idea. ¡Y jugar a ser caballeros con capa y espada! —responde el abuelo—. Pero antes debemos comer.

Javier, contento, se va a lavar las manos.

Luego de la comida, comienza la diversión.

Mientras el abuelo arma el toldo, Javier se pone una capa y dibuja sobre un cartón dos espadas.

—¡Todo ha quedado listo para el campamento de caballeros! —comenta el abuelo al acabar la tarea.

—¡Nos falta armar un puerto! —nota Javier.

El abuelo busca un largo mantel azul.

—Esto será el agua —dice, y estira la tela sobre el piso.

Javier coloca su barco de vela en el lago inventado.

—¿Puedes ser mi caballito? —pregunta Javier.

Se sube a la espalda de su abuelo, pero él se cansa.

—Mejor, juguemos con la espada —le dice a su nieto.

¡Pero entonces notan que hay un lío en la casa!

—A mamá y papá no les gusta el desorden —avisa Javier.

—¡Vamos a acomodar! —dice el abuelo.

Cuando la mamá y el papá llegan, todo ha vuelto a la calma.

Agotados, el abuelo y Javier se van a la cama.

Acontecimientos del cuento

Usa los dibujos para contarle a un compañero lo que pasó hasta ahora en el cuento.

¿Qué crees que ocurrirá a continuación? Comparte tus ideas con tu compañero.

Combinar y leer

1. capa carpa cama calma

2. espalda espada lago largo

3. agua jabón jugar luego

4. caballeros campamento desorden responden

5. Javier quiere jugar con espadas.

6. El abuelo está agotado.

¿Qué tal si...?

Vuelve a leer los dos cuentos. Luego, contesta las preguntas.

1. ¿Qué tal si los juguetes que el abuelo llevaba de regalo no se hubieran dañado? ¿Cómo crees que habrían jugado con ellos?

2. ¿Qué tal si los padres de Javier hubieran llegado a la casa antes de que todo estuviera en orden? ¿Cómo habría terminado la historia?

Comparte tus respuestas en grupo.

LISTA DE PALABRAS

MÓDULO 5 ■ SEMANA 1

LIBRO 1 **El caballo y el camello** pág. 5

■ Palabras decodificables

caballo	camello
maravillosa	llovía
allí	ardilla
amarillo	pollito
pollo	semillas
	pollitos

DESTREZA: *Sílabas con ll*
DESTREZAS ENSEÑADAS PREVIAMENTE
Palabras con que, qui
Comparar que, qui con ca, co, cu
Sílabas con v
Comparar sílabas con v y b
Sílabas con r media

■ Palabras de uso frecuente

amigo bien cerca dijo lejos

ENSEÑADAS PREVIAMENTE

de	por
que	con
grande	ver
del	y
qué	pero
al	van
se	nosotros
cómo	

LIBRO 2 **Los amigos llegan al mar** pág. 15

■ Palabras decodificables

caballo	camello
ardilla	pollos
león	melena
pollito	colmillos
orilla	lora
olas	ballena

DESTREZA: *Comparar sílabas con l y ll*
DESTREZAS ENSEÑADAS PREVIAMENTE
Comparar que, qui con ca, co, cu
Sílabas con v
Comparar sílabas con v y b
Sílabas con r media
Sílabas con ll

■ Palabras de uso frecuente

amigo bien cerca dijo lejos

ENSEÑADAS PREVIAMENTE

agua	por
que	todo
grande	también
tiene	con
cuando	y
se	pero
al	una
nosotros	

LISTA DE PALABRAS

MÓDULO 5 ■ SEMANA 2

LIBRO 1 Gabi quiere una mascota pág. 25

■ **Palabras decodificables**

Gabi	amigo
Agustín	laguna
gusta	pulgas
domingo	Gustavo
tortuga	ganso
gatito	agua

DESTREZA: *Palabras con ga, go, gu*
DESTREZAS ENSEÑADAS PREVIAMENTE
Sílabas con v
Comparar sílabas con v y b
Sílabas con r media
Sílabas con ll
Comparar sílabas con l y ll

■ **Palabras de uso frecuente**

dice junto quiere no
le

ENSEÑADAS PREVIAMENTE

pero	su
tiene	que
hay	con
agua	familia
de	se
tan	casa
van	amigo
bien	

LIBRO 2 Un gato revoltoso pág. 35

■ **Palabras decodificables**

guitarra	castiguen
persigue	guiso
espaguetis	llegue
manguera	amiguito
sigue	guía
distingue	

DESTREZA: *Palabras con gue, gui*
DESTREZAS ENSEÑADAS PREVIAMENTE
Comparar sílabas con v y b
Sílabas con r media
Sílabas con ll
Comparar sílabas con l y ll
Palabras con ga, go, gu

■ **Palabras de uso frecuente**

dice junto quiere no
le

ENSEÑADAS PREVIAMENTE

se	que
y	por
casa	con
qué	su
tiene	es
familia	agua
en	del
al	

LISTA DE PALABRAS

MÓDULO 5 ■ SEMANA 3

LIBRO 1 El desayuno de la yegua pág. 45

■ **Palabras decodificables**

desayuno	yegua
ya	Yami
yogur	ayer
vaya	yema
mayonesa	Caya
cobaya	papaya

DESTREZA: *Sílabas con y inicial*
DESTREZAS ENSEÑADAS PREVIAMENTE
Sílabas con r media
Sílabas con ll
Comparar sílabas con l y ll
Palabras con ga, go, gu
Palabras con gue, gui

■ **Palabras de uso frecuente**

querer	trabajo	llevar
pensar	negro	

ENSEÑADAS PREVIAMENTE

que	tiene
pero	amigo
día	todo
y	qué
otra	al
cosa	vez
quiere	no
le	

LIBRO 2 Las yeguas y los caballos pág. 55

■ **Palabras decodificables**

yeguas	caballos
ellos	cuellos
bellas	mayoría
llevar	yardas
suyo	ayuda
llama	ya

DESTREZA: *Comparar sílabas con y y ll*
DESTREZAS ENSEÑADAS PREVIAMENTE
Sílabas con ll
Comparar sílabas con l y ll
Palabras con ga, go, gu
Palabras con gue, gui
Sílabas con y inicial

■ **Palabras de uso frecuente**

querer	trabajo	llevar
pensar	negro	

ENSEÑADAS PREVIAMENTE

grande	qué
cosas	ver
amigo	se
otra	en
de	que
y	también
cuando	del
es	

LISTA DE PALABRAS

MÓDULO 6 ■ SEMANA 1

LIBRO 1 Una fiesta en el bosque pág. 65

■ Palabras decodificables

erizo	zorra
zorrino	mazapán
garza	azul
calabaza	Lorenza
manzana	cazuelas
solloza	belleza

DESTREZA: *Sílabas con z*

DESTREZAS ENSEÑADAS PREVIAMENTE

Comparar sílabas con l y ll
Palabras con ga, go, gu
Palabras con gue, gui
Sílabas con y inicial
Comparar sílabas con y y ll

■ Palabras de uso frecuente

hoy	muy	algunas
pregunta	han	

ENSEÑADAS PREVIAMENTE

y	por
qué	hacer
dice	todo
se	al
con	no
día	llegar
de	que
música	

LIBRO 2 La guardabosques anima la fiesta pág. 75

■ Palabras decodificables

sonido	música
casa	bostezando
zamarra	calza
zapatillas	azules
erizo	zorra
mariposas	cabeza

DESTREZA: *Comparar sílabas con z y s*

DESTREZAS ENSEÑADAS PREVIAMENTE

Palabras con ga, go, gu
Palabras con gue, gui
Sílabas con y inicial
Comparar sílabas con y y ll
Sílabas con z

■ Palabras de uso frecuente

hoy	muy	algunas
pregunta	han	

ENSEÑADAS PREVIAMENTE

qué	pero
cuando	dice
al	le
música	casa
no	ver
hay	tan
hasta	cerca
también	

LISTA DE PALABRAS

MÓDULO 6 ■ SEMANA 2

LIBRO 1 **Helena y María** pág. 85

■ **Palabras decodificables**

hada	habitan
humanos	Helena
hogar	hoyo
hermosa	hongos
humo	huellas
horror	helada

DESTREZA: *Sílabas con h*

DESTREZAS ENSEÑADAS PREVIAMENTE
Palabras con gue, gui
Sílabas con y inicial
Comparar sílabas con y y ll
Sílabas con z
Comparar sílabas con z y s

■ **Palabras de uso frecuente**

algo	nunca	hacia
me	allí	

ENSEÑADAS PREVIAMENTE

pero	día
tiene	han
hasta	no
le	que
al	dice
ver	cómo
cosas	bien
muy	

LIBRO 2 **Buenas amigas** pág. 95

■ **Palabras decodificables**

comparten	ambas
acamparán	derrumba
simpáticos	tiempo
campana	campeona
compartir	también

DESTREZA: *Palabras con mb, mp*

DESTREZAS ENSEÑADAS PREVIAMENTE
Sílabas con y inicial
Comparar sílabas con y y ll
Sílabas con z
Comparar sílabas con z y s
Sílabas con h

■ **Palabras de uso frecuente**

algo	nunca	hacia
me	allí	

ENSEÑADAS PREVIAMENTE

hoy	bien
no	hacer
tiene	qué
hay	hasta
otra	dice
quiere	familia
muy	han
también	

LISTA DE PALABRAS

MÓDULO 6 ■ SEMANA 3

LIBRO 1 **El viaje del abuelo** pág. 105

■ **Palabras decodificables**

viaje	José
valija	Javier
pasajero	juguetes
aterrizaje	mejilla
jugar	esponja
jabón	burbujas

DESTREZA: *Sílabas con j*

DESTREZAS ENSEÑADAS PREVIAMENTE
Comparar sílabas con y y ll
Sílabas con z
Comparar sílabas con z y s
Sílabas con h
Palabras con mb, mp

■ **Palabras de uso frecuente**

para   sobre   entonces
mientras   ha

ENSEÑADAS PREVIAMENTE

junto	tiene
dice	no
al	pero
quiere	hacer
familia	agua
ver	llegar
casa	lejos
del	

LIBRO 2 **Un campamento en casa** pág. 115

■ **Palabras decodificables**

pata	pasta
carpa	capa
espada	espalda
va	van
toldo	todo
calma	cama

DESTREZA: *Patrones CV y CVC*

DESTREZAS ENSEÑADAS PREVIAMENTE
Sílabas con z
Comparar sílabas con z y s
Sílabas con h
Palabras con mb, mp
Sílabas con j

■ **Palabras de uso frecuente**

para   sobre   entonces
mientras   ha

ENSEÑADAS PREVIAMENTE

dice	muy
todo	al
agua	se
pero	hay
van	dos
que	cuando
casa	no
le	